BEI GRIN MACHT SICH IHR WISSEN BEZAHLT

AF151534

- Wir veröffentlichen Ihre Hausarbeit, Bachelor- und Masterarbeit

- Ihr eigenes eBook und Buch - weltweit in allen wichtigen Shops

- Verdienen Sie an jedem Verkauf

Jetzt bei www.GRIN.com hochladen und kostenlos publizieren

Bibliografische Information der Deutschen Nationalbibliothek:

Die Deutsche Bibliothek verzeichnet diese Publikation in der Deutschen National-
bibliografie; detaillierte bibliografische Daten sind im Internet über http://dnb.d-
nb.de/ abrufbar.

Impressum:

Copyright © 2010 GRIN Verlag, Open Publishing GmbH
Druck und Bindung: Books on Demand GmbH, Norderstedt Germany
ISBN: 9783656851639

Dieses Buch bei GRIN:

http://www.grin.com/de/e-book/145994/beryl-markham-die-erste-berufspilotin-in-
ostafrika

Ernst Probst

Beryl Markham. Die erste Berufspilotin in Ostafrika

GRIN Verlag

GRIN - Your knowledge has value

Der GRIN Verlag publiziert seit 1998 wissenschaftliche Arbeiten von Studenten, Hochschullehrern und anderen Akademikern als eBook und gedrucktes Buch. Die Verlagswebsite www.grin.com ist die ideale Plattform zur Veröffentlichung von Hausarbeiten, Abschlussarbeiten, wissenschaftlichen Aufsätzen, Dissertationen und Fachbüchern.

Besuchen Sie uns im Internet:

http://www.grin.com/

http://www.facebook.com/grincom

http://www.twitter.com/grin_com

Ernst Probst

Beryl Markham

Die erste Berufspilotin
in Ostafrika

Beryl Markham (1902–1986)
gewidmet

Beryl Markham (1902–1986)
Foto: Reproduktion einer Aufnahme
aus den 1930-er Jahren

Als erster Mensch, der im Alleinflug den Atlantik nonstop in Ost-West-Richtung überquerte, gilt die britische Flugpionierin Beryl Markham (1902–1986), geborene Clutterbuck. In den Annalen der Luftfahrt wird sie außerdem als erste Frau Ostafrikas erwähnt, welche die Prüfung zur Berufspilotin erfolgreich ablegte. 2003 ehrte man sie als eine der 100 wichtigsten Frauen in der Luftfahrt.

Beryl Clutterbuck kam am 26. Oktober 1902 in Leicester (Leicestershire) in Großbritannien zur Welt. Ihr Vater Charles Clutterbuck verließ 1904 allein England und siedelte sich in den Kolonien – in British Ostafrika (heute Kenia) – an. Der frühere britische Offizier und passionierte Reiter erwarb Land in der Gegend von Njoro. Er ließ es mit Hilfe afrikanischer Landarbeiter/innen roden und urbar machen.

1905 kamen die Ehefrau Clara Agnes (1878–1952), geborene Alexander, und die beiden Kinder – der fünfjährige Richard und die dreijährige Beryl – auf die inzwischen florierende Farm von Charles Clutterbuck. Er betrieb damals eine Mühle und ein Sägewerk. Nach einiger Zeit gab er rund 1.000 afrikanischen Arbeitern/innen Arbeit und Brot. Auf der Farm verwirklichte er auch einen Traum, indem er mit großem Erfolg Rennpferde züchtete und trainierte.

Obwohl die Geschäfte der Clutterbuck-Farm gut gingen und das Klima ihrer Wohngegend in rund 600 Metern Höhe angenehm war, ertrug die Mutter von Beryl das ungewohnte Pionierleben in Ostafrika nicht. Sie kehrte mit ihrem Sohn Richard, der eine Krankheit auskurieren sollte, nach England zurück.

Beryl blieb bei ihrem Vater auf der Farm in Ostafrika und wurde dort von afrikanischen Bediensteten betreut. Sie spielte mit Kindern von Arbeitern/innen auf der Farm und lernte von ihnen ihre Sprache. Ihr bester Freund war ein Junge namens Kibii. Er zeigte ihr die Nandi-Spiele, zu denen Hochsprung und Ringen gehörten, und erzählte ihr Geschichten über sein Volk.

Von ihren afrikanischen Freunden lernte Beryl die Jagd mit Pfeil und Bogen oder mit dem Massai-Speer. Man brachte ihr bei, wie man sich schnell und lautlos bewegt und wie man die Reaktionen von Wildtieren vorhersieht. Mit den Nandi-Kriegern trank Beryl Tierblut oder geronnene Milch, betete mit ihnen um Jagdglück und begleitete sie bei der Jagd auf Antilopen und Wildschweine.

Zu den besten Freunden von Beryl zählten außer Menschen auch Hunde und Pferde. Gerne begleitete sie ihren Vater bei seinen Rundgängen durch seine Ställe und zu Pferderennen. Offenbar hatte sie von ihrem Vater auch dessen Pferdeverstand und Reittalent geerbt.

Als Beryl etwa acht Jahre alt war, kümmerte sich eine Gouvernante um sie. Diese Betreuerin und ihre Nachfolgerinnen hatten damit eine schwierige Aufgabe übernommen. Denn das Mädchen war von seinem Vater wie ein Junge erzogen worden. Beryl hasste jede Einschränkung ihrer Freiheit und wehrte sich vehemment dagegen, zu einem „richtigen Mädchen" erzogen zu werden.

Ähnliche Probleme gab es während der Schulzeit von Beryl in einem Internat. Diese dauerte nur zweieinhalb Jahre, dann schickte man Beryl, obwohl sie ansonsten eine gute Schülerin war, wieder nach Hause, weil sie unaufhörlich gegen die Schulordnung verstieß.

Die Persönlichkeit von Beryl wurde nachhaltig durch ihre ungewöhnliche Kindheit und Jugend geprägt. Sie entwickelte positive Eigenschaften wie Selbstbewusstsein, Eigenständigkeit, Entschlossenheit und Unerschrockenheit, aber auch negative Eigenschaften wie Bindungslosigkeit, Untreue, Selbstsucht und Arroganz.

1919/1920 ging die weitgehend unbeschwerte Jugendzeit der damals 16-jährigen Beryl zu Ende. Wegen einer schlimmen Dürreperiode und deren Folgen geriet ihr Vater in finanzielle Schwierigkeiten und musste seine geliebte Farm verkaufen. Charles Clutterbuck wollte danach als Trainer von Rennpferden in Peru (Südamerika) arbeiten. Das war ein schwerer Schlag für seine Tochter.

1919 heiratete die große, schlanke, blonde und blauäugige Beryl Clutterbuck den etwa doppelt so alten „Jock" Purves. Ihr Ehemann war ein Nachbar und Gläubiger ihres Vaters.

Mit Einverständnis ihres Gatten trainierte Beryl einige Pferde, die beim Verkauf der Farm ihres Vaters keine neuen Besitzer gefunden hatten. Bald feierte sie Erfolge und gewann immer mehr Kunden. Die Zahl der von ihr trainierten Pferde und der von ihr errungenen Siege wuchs. Schließlich erwarb sie die erste Trainerlizenz, die in Kenia an eine Frau vergeben wurde.

Das Eheglück währte nicht lange. Eines Tages trennte sich Beryl von ihrem Mann und verlor damit die auf dessen Farm vorhandenen Trainingsmöglichkeiten für Pferde. Die Ehe scheiterte entweder an den Trinkgewohnheiten des Gatten oder an den Erfolgen, die Beryl nicht nur auf dem Rennplatz hatte. Angeblich hatte sie Liebhaber, die aber ebenso wie ihre Ehemänner in ihrem Leben keine allzu wichtige Rolle spielten. Während ihrer Trennungphase wohnte Beryl zeitweise auf der Farm der dänischen Schriftstellerin Karen Blixen (1885– 1962), eigentlich Karen Christence von Blixen-Finecke, die eine ihrer Freundinnen war und durch ihre Autobiografie

„Jenseits von Afrika" bekannt wurde. Karen erwähnte 1923 in einem Brief an ihre Mutter, bei ihr wohne gerade die erst 20 Jahre alte Beryl Purves, eines der schönsten Mädchen, die sie je gesehen habe. Diese sei ziemlich unglücklich und mit einem Mann verheiratet, der ihr nichts bedeute. Er widersetze sich einer Scheidung und wolle auch nicht für ihren Unterhalt aufkommen. Sie sei zwar ziemlich am Ende, habe aber so viel Leben und Energie, dass sie schon irgendwie klar kommen würde.

Tatsächlich gelang es der cleveren Beryl, das Geld für eine geplante Reise nach England aufzutreiben und in der alten Heimat einen neuen reichen Freund zu finden. Letzterer unterstützte Beryl sogar noch, als deren Liebe zu ihm abgekühlt war, bei ihrem neuen Vorhaben, in Kenia wieder Rennpferde zu trainieren.

Mit Unterstützung ihres afrikanischen Jugendfreundes Kibii, der als erwachsener Mann Arap Ruta hieß, errichtete Beryl in Kenia ein Trainingszentrum. Finanziell scheint es ihr damals nicht immer gut gegangen zu sein, weil sie zeitweise sogar in einer Pferdebox lebte.

Die schlechten Zeiten währten für die attraktive, gertenschlanke, blondhaarige und bezaubernde Beryl nicht ewig. Sie wurde von einer Gruppe reicher, junger Nichtstuer, den so genannten „Happy Valley People", akzeptiert und fühlte sich in deren Treffpunkt „Muthaiga Country Club" in Nairobi wie zu Hause.

In Nairobi lernte Beryl 1927 den 22-jährigen reichen britischen Aristokraten Mansfield Markham (1905–1971) kennen, der zur Großwildjagd nach Kenia gekommen war. Obwohl Beryl gerade mit einem anderen Mann verlobt war, verliebte er sich Hals über Kopf in sie und Beryl löste ihre Verbindung.

Nach der Hochzeit im Jahre 1927 verbrachte das junge Ehepaar seine Flitterwochen in England, wo die hübsche Beryl auf Bällen und Empfängen großes Aufsehen erregte. Mansfield Markham kaufte seiner Frau eine Farm namens Melala bei Njoro, die sich bestens für Pferdezucht eignete, finanzierte den Kauf von Spitzenpferden und ermöglichte die Rückkehr ihres Vaters aus Peru.

Aus der Ehe mit Mansfield Markham ging am 25. Februar 1929 der Sohn Gervase (1971 gestorben) hervor. Wenige Wochen nach der Geburt trennte sich das Ehepaar wegen der spektakulären Affäre von Beryl mit Prinz Henry, Duke of Gloucester (1900–1974), dem sie auf einer Safari in Kenia begegnet war. Prinz Henry war der dritte Sohn von König George V. und Queen Mary. Mit dem Prinzen verbrachte Beryl einige Zeit in England. 1930 war die Affäre mit ihm beendet und sie kehrte nach Kenia zurück. Queen Mary gewährt Beryl ein kleines Jahresein-kommen, um zu verhindern, dass ihr Sohn Henry von dem schockierten Ehemann Mansfield Markham als Scheidungsgrund angegeben würde. Beryl gab ihren Sohn Gervase bei ihrer reichen Schwiegermutter Lady Lucy Markheim in Pflege.

Der nächste Mann im abwechslungsreichen Leben von Beryl war der Großwildjäger Denys Finch Hatton (1887–1931). Dieser hatte sich gerade von seiner langjährigen Geliebten, der erwähnten dänischen Schriftstellerin Karen Blixen, getrennt. Im Film „Jenseits von Afrika" wurde er von Robert Redford verkörpert.

Denys Finch Hatton vermittelte Beryl seine Liebe zur Literatur, zur Musik und – was für deren Zukunft viel entscheidender war – zum Fliegen. Er nahm sie in seinem Flugzeug mit und danach wollte sie selbst das Fliegen lernen.

Ab 1930 nahm Beryl bei ihrem Freund Tom Black (1899–1936), mit dem sie eine Zeitlang zusammenlebte, Flugunterricht. Black war Manager der ersten Fluggesellschaft in Ostafrika und brachte ihr alles bei, was er als Pilot konnte. Nach acht Stunden startete Beryl zu ihrem ersten Alleinflug, bereits einen Monat später bestand sie als erste Frau in Ostafrika die Prüfung für die A-Lizenz. Black riet Beryl, ihre Flugkarriere ernst zu nehmen und sich ein eigenes Flugzeug – nämlich eine „Avro Avian" – zu kaufen. Sie folgte diesem Rat. Der Tod ihres Freundes Denys Finch Hatton am 14. Mai 1931 ging Beryl Markham besonders nahe. Eigentlich hatte sie ihn bei dem Flug, auf dem er und ein Diener tödlich verunglückten, begleiten wollen, aber es kam dann doch nicht dazu.

Ob das Gerücht zutrifft, Beryl Markham habe auch mit dem schwedischen Baron und Großwildjäger Bror von Blixen-Finecke (1886–1946) ein Verhältnis gehabt, ist unklar. Bror war von 1914 bis 1925 Ehemann von Karen Blixen und literarisches Vorbild für den amerikanischen Schriftsteller Ernest Hemingway (1899–1961) gewesen. In dem Film „Jenseits von Afrika" wird er von Klaus Maria Brandauer dargestellt.

1932 flog Beryl's Freund Tom Black nach England, um dort eine neue Arbeitsstelle anzutreten. Daraufhin beschloss Beryl, in ihr Flugzeug zu steigen und Tom zu folgen. Es heißt, Tom sei einer der wichtigsten Männer in ihrem Leben gewesen und sie hätte gehofft, mit ihm wie das „fliegende Ehepaar" Amy Johnson Mollison (1903–1941) und Jim Mollison (1905–1959) Flugrekorde zu brechen.

Beryl startete am 24. April 1932 – angeblich zum Entsetzen der Mechaniker – von Nairobi nach England. Dieser Flug dauerte wegen technischer Probleme insgesamt 23 Tage. Für den Flug hatte ihr ein einmotoriges Flugzeug mit 12 PS ohne Funkausrüstung, Tachometer und ohne Navigationsausrüstung (außer einem Kompass) zur Verfügung gestanden.

Von Nairobi aus flog Beryl in Richtung Juba im Sudan, musste aber wegen eines Sandsturms und Motorproblemen kurz vor dem Ziel notlanden. Tags darauf flog sie nach Malakal am Nil und wollte einen Tag später Khartum erreichen. Doch wegen Reparaturen am Motor musste sie dreimal Notlandungen einlegen.

In Khartum stellte sich heraus, dass eine Zylinderkopfdichtung beschädigt war. Da sie die erforderlichen Ersatzteile in Khartum nicht auftreiben konnte, flog sie nach Atbara weiter, wo sie schließlich den Zylinder und die Dichtung ersetzen konnte. In Nähe von Kairo gab es wegen eines weiteren Sandsturms erneut technische Probleme. Deswegen ließ sie die Maschine bei der britischen „Royal Air Force" reparieren und überprüfen, bevor sie über das Mittelmeer flog. Ungeachtet schlechten Wetters erreichte sie London am 17. Mai 1932 ohne weitere technische Probleme. In der britischen Hauptstadt wurde sie von den Medien gefeiert und von ihren Freunden, darunter Tom Black, herzlich empfangen.

1933 meisterte Beryl als erste Frau in Kenia die schwierige Verkehrspilotenprüfung. Gemeinsam mit ihrem Freund aus Kindertagen, Arap Ruta, arbeitete sie in der Folgezeit als Charterpilotin vom „Muthaiga Country Club" in Nairobi aus. Sie erhielt Aufträge, Post und Nachschub zu den Goldarbeitern in Nähe des Viktoriasee zu transportieren, Kranke und Verletzte ins Hospital nach Nairobi oder Farmer zu ihren entlegenen Besitzungen zu fliegen. Weil sie Großwildjägern den Weg zu ihrer Beute zeigte, bezeichnete man Beryl als „Elefantenfliegerin". In Wirklichkeit hatte sie für die Elefantenjagd wenig übrig und meinte, es sei absurd, einen Elefanten zu töten.

Nachdem sie jahrelang als Buschpilotin in Kenia gearbeitet hatte, kehrte Beryl Mitte der 1930-er Jahre nach England zurück. Damals wurde in Europa und in den USA über die Möglichkeit einer direkten Fluglinie zwischen London und New York City diskutiert. Für den Piloten, der diese Strecke als Erster nonstop flog, setzte man ein hohes Preisgeld aus. Die Schwierigkeit dieses Fluges bestand darin, dass der Pilot gegen starke Windströmungen anfliegen musste. Schon zwei Piloten hatten diesen Flug fast geschafft. Der Erste war Jim Morrison, der 1932 von Irland nach Kanada geflogen war, und der Zweite John Grierso, der 1934 in sechs Wochen von London nach New York City flog.

Am 4. September 1936 um 20 Uhr abends startete Beryl Markham in London mit einer von ihrem Bekannten John Carberry aus Kenia geliehenen Maschine zum Flug nach New York City. Dafür stand ihr ein Flugzeug des Typs „Percival Vega Gull" namens „The Messenger" mit einem 200 PS starken Motor, ausgerüstet mit Zusatztanks und Navigations-instrumenten, aber ohne Funkausrüstung, zur Verfügung. Gegen 22.30 Uhr überquerte sie Irland. Am Tag darauf um 14 Uhr wurde sie von einem Schiff auf dem Atlantik gesichtet und um 16.30 Uhr beobachtete sie jemand über Neufundland, bevor sie „verschwand".

Ein Anruf von Beryl aus dem Fischerdorf Baleine in Neu-schottland brachte endlich Klarheit und Erleichterung: Schon über dem Atlantik hatte es Probleme mit einem Benzintank gegeben, weil die Benzinleitung eingefroren war und der Flugzeugmotor deshalb versagte. Kurz bevor die Maschine auf dem Wasser aufschlug, brachte Beryl den Motor wieder

zum Laufen und konnte weiterfliegen. Das Problem wieder-
holte sich in Neuschottland und führte dort zum Absturz.
Nach der Bruchlandung steckte das Flugzeug mit der Nase
voran in einen Torfstich.

Beryl war wegen ihres Missgeschickes sehr enttäuscht, weil
sie dachte, ihr Flug würde wegen des Absturzes als Misserfolg
gedeutet. Aus diesem Grund war sie sehr angenehm über-
rascht, als sie von einer Maschine der „US Coast Guard"
(Küstenwache) abgeholt und nach New York City gebracht
wurde, wo man sie als Heldin empfing.

Nach dem großen Rummel wegen ihres Fluges von London
nach New York City zog sich Beryl nach Leicester in England
zurück. Mehrfach hat sie überlegt, ob sie an einem großen
Luftrennen teilnehmen solle. Doch als ihr früherer Geliebter,
der Pilot Tom Black, 1936 bei einem Absturz ums Leben kam,
nahm sie Abstand davon.

1939 zog Beryl nach Kalifornien (USA), wo sie einige Liebhaber hatte. Mit Hilfe des trinkfreudigen Ghostwriters Raoul
Schumacher, der 1942 ihr dritter Ehemann wurde, veröffentlichte sie ihr Buch „West with the Night" („Westwärts mit
der Nacht"). Das 1942 erschienene Buch beschreibt ihre Kindheit, ihre Karriere als Buschpilotin und ihren Transatlantikflug.
Obwohl dieses Werk großartig geschrieben ist, brachte es nicht
den ge-wünschten großen finanziellen Erfolg. Mit ihrem Mann
lebte Beryl auf einer Ranch und verfasste einige Kurzge-
schichten. Auch die dritte Ehe scheiterte angeblich wegen ihrer
extravaganten Lebenslust und intellektuellen Unruhe

1952 kehrte Beryl von Kalifornien nach Kenia zurück —
inzwischen krank, mittellos und auf die Hilfe von Freunden
angewiesen. Mit 50 wurde sie noch einmal Trainerin von
Rennpferden und feierte bald wieder Erfolge. 1963/1964 war

ihre beste Saison, damals siegten 46 der von ihr trainierten Pferde.

Zu Beginn der 1980-er Jahre wurde das Buch „Westwärts" mit der Nacht" neu aufgelegt und Beryl erregte noch einmal für kurze Zeit Aufsehen. In ihren letzten Jahren lebte sie in einem kleinen Haus auf dem Rennplatz in Nairobi. Von ihrem Wohnzimmer aus konnte sie die Rennpferde beobachten.

Zum 50. Jahrestag des Atlantikflugs von Beryl Markham im September 1936 plante die „Royal Air Force" eine große Feier. Dafür wollte Beryl nach England reisen. Doch einen Monat zuvor, am 3. August 1986, erlag sie im Alter von 83 Jahren in Nairobi einer Lungenentzündung. Ihre Asche wurde auf der Rennbahn von Nairobi verstreut.

George Gutekunst drehte 1986 einen Dokumentarfilm mit dem Titel „World without Walls". 1988 wurde das Leben von Beryl Markham unter dem Titel „A Shadow on the Sun" als Fernsehfilm verfilmt.

Sophie Blanchard (1778–1819)
Bild: Reproduktion eines Kupferstiches von Jules Porreau
aus dem Jahre 1859, der nach ihrem Tod entstand

Frauen in der Luftfahrt

4. Juni 1784: Die französische Opernsängerin Elisabeth Thible, nach anderer Schreibweise auch Tible, fliegt in Lyon als erste Frau in einem Heißluftballon (Montgolfière) mit.

10. November 1798: Die Französin Jeanne Labrosse (1775–1845), die Ehefrau des Luftakrobaten André-Jacques Garnerin (1769–1823), unternimmt als erste Frau selbstständig einen Flug in einem Ballon.

12. Oktober 1799: Jeanne Labrosse wagt als erste Frau der Welt aus einer Höhe von rund 900 Metern einen Fallschirmsprung.

7. Juli 1819: Die erste professionelle Luftschifferin Frankreichs, Madeleine Sophie Blanchard (1778–1819), kommt in Paris bei einer Ballonfahrt als erste Frau beim Fliegen ums Leben.

Um 1850: Die französische Fallschirmspringerin Rosalie Poitevin (1819–1908) stellt in Parma (Italien) mit einem Sprung aus rund 2.000 Metern einen Frauenrekord auf, der erst 1931 von der Deutschen Lola Schröter (1906–1953) überboten wird.

4. Juli 1880: Mary Hawley Myers (1849–1932) unternimmt in Little Falls (New York) als erste Amerikanerin einen Alleinflug mit einem Ballon.

19. Juli 1893: Käthe Paulus (1868–1935) unternimmt in Nürnberg (Bayern) zusammen mit ihrem Verlobten Hermann Lattemann (1852–1894) ihren ersten Ballonflug. Sie gilt als erste Luftschifferin in Deutschland.

1893: Die Luftschifferin Käthe Paulus wird in Elberfeld bei Wuppertal die erste deutsche Fallschirmspringerin.

9. Juli 1903: Die Amerikanerin Aida de Acosta (1884–1962) unternimmt in Paris als erste Frau einen Alleinflug in einem lenkbaren Luftschiff.

1906: Die Amerikanerin E. Lillian Todd (1865–1937) entwirft und baut als erste Frau ein Flugzeug, das allerdings nie fliegt.

8. Juli 1908: Die französische Bildhauerin Thérèsè Peltier (1873–1926) unternimmt in Turin (Italien) an Bord eines Doppeldeckers zusammen mit dem französischen Piloten Léon Delagrange (1873–1910) den ersten Flug mit einem weiblichen Passagier.

7. Oktober 1908: Edith Berg fliegt als erste Amerikanerin in Le Mans (Frankreich) in einem Flugzeug mit. Sie ist eine Passagierin des amerikanischen Luftpioniers Wilbur Wright (1867–1912) und die Ehefrau von Hart O. Berg, des europäischen Agenten von Wright.

26. Oktober 1909: Die Französin Marie Marvingt (1875–1963) fliegt als erste Frau mit einem Ballon von Frankreich nach England.

8. März 1910: Die französische Schauspielerin Raymonde de Laroche (1844–1919) wird die erste Pilotin der Welt.

9. April 1910: Hélène Dutrieu (1877–1961) wird die erste Pilotin in Belgien.

19. April 1910: Hélène Dutrieu fliegt als erste Frau der Welt einen Passagier.

Sommer 1910: Hilda Hewlett (1864–1943) wird Mitbegründerin der ersten Flugschule in England.

2. September 1910 (oder 6. September oder Mitte Oktober): Blanche Stuart Scott (1889–1970) wird angeblich die erste amerikanische Pilotin. Ihr Flug wird von der „Aeronautical Society of America" nicht anerkannt, weil er zufällig erfolgt.

16. September 1910: Bessica Medlar Raiche (1875–1932) wird angeblich die erste amerikanische Pilotin.

8. November 1910: Marie Marvingt wird die dritte Frau mit Pilotenlizenz in Frankreich.

1. August 1911: Harriet Quimby (1875–1912) wird die erste Amerikanerin mit Pilotenlizenz.

10. August 1911 (4. September 1911) : Lidija Swerewa (1890–1916) wird die erste Pilotin in Russland.

17. August 1911: Matilde Moissant (1878–1964) wird die zweite Amerikanerin mit Pilotenlizenz.

29. August 1911: Hilda Hewlett wird erste Britin mit Pilotenlizenz.

4. September 1911: Harriet Quimby unternimmt als erste Frau einen Nachtflug.

13. September 1911: Melli Beese-Boutard (1886–1925) legt als erste Deutsche die Pilotenprüfung ab.

10. Oktober 1911: Beatrix de Rijk (1883–1958) wird eine der ersten Pilotinnen in Holland.

Dezember 1911: Die Amerikanerinnen Harriet Quimby und Matilde Moisant (1878–1964) unternehmen als erste Pilotinnen einen Flug über Mexiko.

16. April 1912: Harriet Quimby überfliegt als erster weiblicher Pilot den Ärmelkanal (Englischer Kanal).

Juli 1912: Lilly Steinschneider (1891–1975) wird die erste Pilotin in Österreich-Ungarn.

2. September 1912: Die Französin Jeanne Pallier (1871–1939) fliegt bei ihrer Pilotenprüfung als erste Frau über der Hauptstadt Paris.

1912: Die Pilotin Ruth Law (1887–1970) fliegt als zweite Amerikanerin bei Nacht.

21. November 1912: Die russische Pilotin Ljuba Galanschikoff (1884–1968) stellt einen Höhenweltrekord für Frauen auf. Sie

erreicht mit einem geliehenen Fokker-Eindecker eine Höhe von 2.000 Metern.

5. Januar 1913: Rosina Ferrario (1888–1959) wird die erste Pilotin in Italien, die vor dem Ersten Weltkrieg eine Fluglizenz erhält,

31. Juli 1913: Die amerikanische Pilotin Alys McKey („Tiny") Bryant (1880–1954) unternimmt in Vancouver den ersten Flug einer Frau in Kanada. Ihre Flüge in Kanada waren Teil des Unterhaltungsprogramms für den Prinzen von Wales und den Herzog von York, die Vancouver und Victoria besuchen.

20. August 1913: Ljuba Galanschikoff unternimmt zusammen mit dem Piloten Léon Letort (1888–1913) den ersten Flug innerhalb eines Tages von Berlin nach Paris.

September 1913: Katherine Stinson (1891–1977) betätigt sich in Montana als erste Luftpostpilotin der USA.

1913: Hélène Dutrieu wird erstes weibliches Mitglied der „Pariser Luftwache" und schützt die französische Hauptstadt im Ersten Weltkrieg (1914–1918) vor Angriffen deutscher Flugzeuge und Militärluftschiffe.

19. Mai 1914: Die russische Pilotin Lydija Swerewa (1890–1916) fliegt in Riga (Litauen) als erste Frau einen Looping (Kunstflugfigur in senkrechter Kreisbahn).

6. Juni 1914: Else Haugk (1889–1973) wird die erste Pilotin der Schweiz.

1914: Prinzessin Eugenie Michailowna Shakhovskaya (1889–1920) wird die erste russische Militärpilotin. Sie unternimmt als Fähnrich im Dienste des Zaren etliche Aufklärungsflüge.

1915: Marjorie Stinson (1896–1975 und Katherine Stinson (1891–1977) betreiben mit ihrer Mutter Emma Beaver Stinson in Texas die erste von Frauen geleitete Flugschule.

17. Januar 1915: Ruth Law (1887–1970 wagt in Daytona Beach (Florida) als erste amerikanische Pilotin einen Looping. Katherine Stinson glückt dieses Kunststück am 18. Juli 1915 über dem Flugplatz „Cicero Field" in Chicago.

1915: Nahdeshda Degtera, deren Geburts- und Todesdatum unbekannt sind, ist die erste russische Pilotin, die bei einem Kampfeinsatz im Ersten Weltkrieg verwundet wird.

1916: Die Deutsche Käthe Paulus erfindet den zusammenlegbaren Fallschirm.

12. Juli 1919: Raymonde de Laroche stellt einen Höhenrekord für Frauen auf (4.800 Meter).

1919: Ruth Law befördert als erster Flieger Luftpost zu den Philippinen.

30. Mai 1920: Elsa Andersson (1897–1922) wird die erste schwedische Pilotin.

15. August 1920: Die amerikanische Pilotin Laura Bromwell (1899–1920) fliegt 87 Loopings und schafft damit einen Weltrekord.

1. April 1921: Die französische Pilotin Adrienne Bolland (1896–1975) fliegt als erste Frau über die Anden.

Mai 1921: Laura Bromwell fliegt 199 Loopings und stellt damit einen neuen Weltrekord auf.

15. Juni 1921: Die schwarze Amerikanerin Bessie Coleman (1893–1926) erhält in Frankreich ihre Fluglizenz und wird die erste afro-amerikanische Pilotin.

2. Oktober 1921: Elsa Andersson ist nach einem Absprung in Kristianstad die erste schwedische Fallschirmspringerin.

8. April 1922: Teresa de Marzo (1903–1986) wird die erste Pilotin in Brasilien.

1922: Tadashi Hyodo (1899–1980) wird die erste Pilotin in Japan.

3. September 1922: Bessie Coleman unternimmt den ersten öffentlichen Flug einer afro-amerikanischen Pilotin in den USA. Dabei springt der farbige Stuntman Hubert Fauntleroy Julian mit einem Fallschirm ab.

Oktober 1922: Lillian Gatlin aus Santa Ana (Kalifornien) wird die erste Passagierin bei einem Flug über Amerika. Sie reist von San Francisco (Kalifornien) nach Mineola (New York). Der 2.680 Meilen-Nonstop-Flug dauert 27 Stunden 11 Minuten.

1925: Thea Rasche (1899–1971) wird erste Deutsche mit Kunstflugschein.

1925: Kwon Ki-ok (1901–1988) wird die erste Pilotin aus Korea.

1925: Lady Mary Heath (1896–1939) erhält als erste Frau in Großbritannien eine kommerzielle Fluglizenz.

28. März 1927: Millicent Maude Bryant (1878–1927) wird die erste Pilotin in Australien.

Mai 1927: Lady Mary Heath stellt mit 17.000 Fuß (umgerechnet 5.100 Meter) einen Höhen-Weltrekord für Leichtflugzeuge auf.

September 1927: Elinor Smith wird im Alter von 16 Jahren die damals jüngste Pilotin der USA.

1927: Phoebe Fairgrave Omlie (1902–1975) wird die erste von der „Civil Aeronautics Administration" („CAA") zugelassene Flugzeugmechanikerin der USA.

1927: Lady Mary Heath unternimmt als erste Frau einen Alleinflug von Südafrika nach England.

1927: Die irische Pilotin Mary Bayley (1890–1960) fliegt als erste Frau über die Irische See.

Oktober 1927: Die Amerikanerin Ruth Elder (1902–1977) scheitert beim Versuch einer Atlantiküberquerung von England nach Amerika.

Ende August 1927: Prinzessin Anne Löwenstein-Wertheim (1864–1927) scheitert beim Versuch einer Atlantiküberquerung von England nach Amerika und kommt dabei ums Leben.

Januar 1928: Ruth Rowland Nichols (1901–1960) unternimmt zusammen mit dem Piloten Harry Rogers den ersten Nonstop-Flug von New York nach Miami (Florida).

17. und 18. Juni 1928: Die amerikanische Fliegerin Amelia Earhart (1897–1937) fliegt zusammen mit dem Piloten Wilmer Stultz (1899–1929) und dem Mechaniker Louis Gordon von New York nach Paris. Sie ist die erste Frau, die an Bord eines Flugzeuges den Atlantik überquert.

27. Juli 1928. Lady Mary Heath fliegt als erste Frau der Welt ein Passagierflugzeug. Der Start erfolgt in Amsterdam (Niederlande), die Landung in Croydon (Großbritannien).

1928: Maryse Bastié (1898–1952) erwirbt als erste Französin den Führerschein für Passagierflugzeuge.

1928: Die deutsche Pilotin Marga von Etzdorf (1907–1933) wird erste Kopilotin der „Deutschen Luft Hansa".

1928: Die irische Pilotin Mary Heath fliegt als erste Frau allein vom „Kap der Guten Hoffnung" (Südafrika) nach Kairo (Ägypten).

1928: Die amerikanische Pilotin Phoebe Fairgrave Omlie fliegt als erste Frau mit einem Leichtflugzeug über die Rocky Mountains.

Oktober 1928: Die deutsche Pilotin Erika Naumann stellt zusammen mit dem schweizerischen Fliegerhauptmann Wirth bei einem Flug über 1.305 Kilometer von Böblingen (Süddeutschland) nach Wilna (Litauen) einen Weltrekord auf.

17. Dezember 1928: Die amerikanische Pilotin Marjorie Stinson wird bei der Gründungsversammlung der „Early Birds" in Chicago das erste weibliche Mitglied. Bedingung für die Aufnahme bei den „Early Birds" ist für Amerikaner, dass sie bereits vor dem Eintritt der USA in den Ersten Weltkrieg am 17. Dezember 1916 erstmals allein geflogen sind. Für Piloten aus Europa gilt der 4. August 1914 als Stichtag für die Aufnahme bei den „Early Birds".

1928/1929: Mary Bailey (1890–1960) fliegt als erste Frau allein von England nach Südafrika und wieder zurück. Hinflug vom 9. März bis 30. April 1928, Rückflug vom September 1928 bis 16. Januar 1929.

2. Januar 1929: Evelyn („Bobby") Trout unternimmt in Los Angeles (Kalifornien) als erste Frau einen Ganze-Nacht-Flug, der 12 Stunden 11 Minuten dauert.

1929: Florence „Pancho" Barnes" (1901–1975) wird die erste amerikanische Stuntpilotin. Sie wirkt in dem Film „Hells Angels" mit, der 1929 in die Kinos kommt.

1929: Phoebe Fairgrave Omlie wird die erste amerikanische Transportpilotin.

1929: Ilse Esser (1898–1994) promoviert als erste Deutsche in Luftfahrttechnik.

August 1929: Die britische Reporterin Grace Marguerite Hay Drummond-Hay (1895–1946) fliegt als erste Frau mit einem

Luftschiff um die Welt. Der Flug erfolgt im deutschen Luftschiff „LZ-127 Zeppelin".

18. bis 26. August 1929: Die amerikanische Pilotin Louise Thaden (1905–1979) gewinnt das erste „Cleveland Women's Air Derby", den ersten Überlandflug-Wettbewerb für Pilotinnen, der scherzhaft als „Powder-Puff-Derby" bezeichnet wird. Der Start erfolgt in Santa Monica (Kalifornien), Ziel ist Cleveland (Ohio), gesamte Flugstrecke mehr als 2.700 Meilen (rund 4.500 Kilometer). Zweite wird Gladys O'Donnel, Dritte Amelia Earhart. Beim legendären „Powder-Puff-Derby" gehen insgesamt 20 Pilotinnen an den Start, von denen 18 aus den USA stammen: Florence („Pancho") Barnes, Marvel Crosson, Amelia Earhart, Ruth Elder, Claire Fahy, Edith Foltz, Mary Haizlip, Jessie Keith-Miller (Australien), Opal Kunz, Ruth Nichols, Gladys O'Donnell, Phoebe Omlie, Neva Paris, Margaret Penny, Thea Rasche (Deutschland), Louise Thaden, Bobbi Trout, Mary von Mach und Vera Dawn Walker. Davon erreichen 13 Frauen das Ziel. Den scherzhaften Begriff „Powder-Puff-Derby" („Puderquastenrennen") hat der Komiker Will Rogers (1879–1935) geprägt. Er beruht auf dem Kosmetik-Utensil, mit dem sich die Pilotinnen nach den Landungen puderten.

2. November 1929: Amelia Earhart gründet zusammen mit vier anderen bekannten Pilotinnen auf dem Flugplatz „Curtiss Field" in Valley Stream, Long Island (New York), den „Club der Neunundneunzig" („Ninety Nines"), der die Stellung der Frauen in der Luftfahrt stärken soll. Einen solchen Club hatte Clara Trenckman Studer, eine flugbegeisterte Assistentin und

Helferin ohne Pilotenschein, angeregt. Die Einladung zur Gründungsversammlung war am 9. Oktober 1929 an 117 Pilotinnen in den USA verschickt und von Fay Gillis, Margorie Brown, Frances Harrel und Neva Paris unterzeichnet worden. Zur Gründungsversammlung kommen 26 Pilotinnen nach Valley Stream, nur vier davon mit dem Flugzeug, die anderen wegen schlechten Wetters mit dem Zug. Ein zweites Treffen erfolgt am 14. Dezember 1929 in New York City. Dabei macht Jean Davis Hoyt (gestorben 1988) den Vorschlag, den Club nach der Zahl der Frauen in den USA zu benennen, die einen Pilotenschein besitzen und Interesse an der Gründung des Clubs zeigen. Neva Paris soll die Wahl einer Präsidentin koordinieren, doch sie kommt Anfang 1930 bei einem Flugzeugabsturz ums Leben. Louise Thaden fungiert als „provisorische Präsidentin" des Clubs. Bald gehörten 99 Fliegerinnen zum Club und dessen Name steht fest. 1931 wird Amelia Earhart zur Präsidentin gewählt und bleibt dies bis 1933. „Ninety Nines" behauptet sich bis heute und zählt derzeit weltweit mehr als 20.000 Mitglieder.

November 1929: Die amerikanischen Pilotinnen Evelyn („Bobby") Trout (1906–2003) und Elinor Smith (geb. 1911) unternehmen den ersten Frauenflug mit Luftbetankung.

Dezember 1929: Amy Johnson (1903–1941) wird die erste Flugzeugmechanikerin in Großbritannien.

5. bis 24. Mai 1930: Die britische Pilotin Amy Johnson-Mollisson (1903–1941) fliegt als erste Frau allein von England nach Australien.

1930: Die britische Fliegerin Beryl Markham (1902–1986) wird die erste Berufspilotin Afrikas.

1930: Anne Morrow Lindbergh (1906–2001) wird die erste Segelfliegerin der USA.

6. März 1931: Ruth Rowland Nichols stellt mit 8.760,9 Metern einen Höhen-Weltrekord für Frauen auf.

13. April 1931: Ruth Rowland Nichols stellt mit 339,1 Stundenkilometern einen Geschwindigkeits-Weltrekord für Frauen auf.

1931: Leyla Mammadbeyova (1909–1989) wird die erste Pilotin in Aserbaidschan.

Juni 1931: Ruth Rowland Nichols scheitert beim Atlantiküberflug.

18. bis 29. August 1931: Die deutsche Pilotin Marga von Etzdorf (1907–1933) fliegt allein von Berlin nach Tokio.

1931: Pauline Mary Gower (1910–1947) betreibt den ersten Lufttaxidienst in Großbritannien.

1931: Die deutsche Pilotin Vera von Bissing (1906–2002) beherrscht als einzige Frau den Looping nach vorn.

1931: Die deutsche Fallschirmspringerin Lola Schröter (1906–1953) stellt mit einem Sprung aus 6.000 Metern Höhe einen Frauenrekord auf.

Oktober 1931: Hazel Ying Lee (1912–1944) erhält als eine der ersten chinesisch-amerikanischen Frauen eine Fluglizenz.

4. Dezember 1931: Die deutsche Fliegerin Elly Beinhorn (1907–2007) startet zu einem erfolgreichen Weltflug. Sie ist die erste Frau, die alle fünf Erdteile mit dem Flugzeug überfliegt.

26. Dezember 1931: Die australische Pilotin Maude Rose „Lores" Bonney (1897–1994) unternimmt den längsten Ein-Tages-Flug einer Frau von Brisbane nach Wangaratta (1.600 Kilometer).

20. Mai 1932: Die amerikanische Fliegerin Amelia Earhart fliegt mit einem einmotorigen Flugzeug als erste Frau über den Atlantik. Sie startet in Harbor Grace (Neufundland) und landet unweit von Londonderry (Nordirland).

Mai 1932: Die deutsche Schauspielerin und Pilotin Antonie Strassmann (1901–1952) fliegt an Bord des Flugschiffes „Do-X" von den USA nach Deutschland. Sie ist die erste Europäerin, die als fliegender Passagier den Atlantik überquert.

August/September 1932: Maude Rose „Lores" Bonney fliegt als erste Frau um Australien.

5. September 1932: Die amerikanische Pilotin Mary Haizlip (1910–1997) stellt in Cleveland (Ohio) mit 405,92 Stundenkilometern einen Geschwindigkeitsrekord für Frauen auf.

1932: Die Chinesin Katherine Cheung (1904–2003) wird die erste Asiatin mit Pilotenlizenz in den USA.

1932: Ruthy Tu (gestorben 1969) wird die erste Pilotin in der Chinesischen Armee.

1932: Die deutsche Pilotin Rosl Richter und ihr Ehemann unternehmen mit einem Leichtflugzeug einen Weltflug.

1932: Der Fallschirmspringerin Lola Schröter gelingt ein Rekordsprung aus 7.300 Metern Höhe.

1932: Luise Hoffmann (1910–1935) wird erste Werkspilotin in Deutschland.

1932: Phoebe Fairgrave Omlie wird die erste Regierungsbeamtin für Luftfahrt in den USA.

1932: Fay Gillis Wells (1908–2002) fliegt als erste Amerikanerin ein sowjetisches Zivilflugzeug.

10. bis 21. April 1933: Maude Rose „Lores" Bonney fliegt mit einer Maschine des Typs „Gipsy Moth" namens „My little Ship" als erste Frau von Australien nach England (Start in Brisbane, Landung in London. Flugstrecke rund 20.000 Kilometer).

1933: Freda Thompson (1909–1980) wird die erste Fluglehrerin in Australien.

1934: Die Französin Maryse Bastie (1898–1952) fliegt als erste Frau von Paris nach Tokio und zurück.

28. Januar bis 25. April 1934: Die Amerikanerin Laura Ingalls (1901–1967) unternimmt als erste Frau einen Alleinflug von Nordamerika nach Südamerika.

21. März 1934: Laura Ingalls fliegt als erste Amerikanerin über die Anden.

Mai 1934: Die Neuseeländerin Jean Batten (1909–1982) unternimmt als erste Frau einen Flug von England nach Australien und zurück.

28. September bis 6. November 1934: Die australische Pilotin Freda Thompson unternimmt den ersten Alleinflug einer Frau von England nach Australien. Während dieser 39 Tage langen Flugreise muss sie 20 Tage auf ein Ersatzteil warten.

23. Oktober 1934: Die amerikanische Ballonfahrerin Jeannette Piccard (1895–1981) fliegt als erste Frau in die Stratosphäre: Sie steigt zusammen mit ihrem Ehemann Jean-Felix Picard (1884–1963) über dem Erisee in eine Höhe von 17.550 Metern auf.

31. Dezember 1934: Die Amerikanerin Helen Richey (1909–1947) wird die erste Pilotin bei einer planmäßigen Airline („Central Airlines").

Anfang 1935: Der amerikanischen Fliegerin Amelia Earhart glückt der erste Flug von Hawaii zum amerikanischen Festland. Diese Route ist länger als die Strecke von den USA nach Europa.

April 1935: Liesel Zangenmeister stellt in Rossitten (Ostpreußen) mit 12 Stunden 57 Minuten einen Dauer-Weltrekord im Segelflug auf.

1935: Amelia Earhart unternimmt als Erste einen Alleinflug von Los Angeles (Kalifornien) nach Mexico City (Mexiko), Flugzeit 13 Stunden 23 Minuten.

1935: Amelia Earhart unternimmt als Erste einen Alleinflug von Mexico City nach Newark, Flugzeit 14 Stunden 19 Minuten.

Ende 1935: Jean Batten fliegt als erste Frau von England nach Südamerika (Brasilien), Flugstrecke rund 5.000 Meilen (umgerechnet 8.000 Kilometer), Flugzeit 61 Stunden 15 Minuten

1936: Katarina Matanovic-Kulenovic (1913–2003) wird die erste kroatische Pilotin.

4. September 1936: Louise Thaden (1905–1979) und Blanche Noyes (1900–1981) besiegen als erste Frauen bei einem Flugwettrennen („Bendix Trophy Race") männliche Piloten. Sie fliegen sie von New York City nach Los Angeles in 14 Stunden 55 Minuten und stellen damit einen Weltrekord auf.

4./5. September 1936: Die englische Pilotin Beryl Markham (1902–1986) fliegt als erste Frau allein von London (England) über den Atlantik nach Nova Scotia (Kanada).

1936: Jean Batten fliegt als erste Frau über den Südatlantik.

1936: Laura Ingalls fliegt als erste Frau nonstop von der Ostküste zur Westküste der USA.

März 1937: Jean Burns wird im Alter von 17 Jahren die jüngste Pilotin in Australien.

17. Mai 1937: Die deutsche Fliegerin Hanna Reitsch (1912–1979) wird als erste Frau der Welt ehrenhalber zum Flugkapitän ernannt. Dieser Titel war sonst Flugzeugführern der „Deutschen Lufthansa" vorbehalten.

Mai 1937: Hanna Reitsch überquert als erste Pilotin der Welt im Segelflug die Alpen.

Juni 1937: Die deutsche Pilotin Eva Schmidt (1914–1945) erreicht eine Weltbestleistung im Segelflug-Streckenflug für Frauen vom Hornberg (Schwäbische Alb) nach Plauen im Vogtland (Sachsen) und einen Dauerflug-Rekord von 14 Stunden.

Juni 1937: Inge Wetzel stellt in Rossitten (Ostpreußen) mit 18 1/2 Stunden einen Segelflug-Weltrekord im Dauerflug auf, wird aber bereits im Juli 1937 von Feodora Schmidt übertroffen.

1937: Amelia Earhart fliegt – im Rahmen ihrer Erdumrundung – als Erste vom Roten Meer nach Indien.

2. Juli 1937: Amelia Earhart und ihr Navigator Fred Noonan (1893–1937) kehren von ihrer geplanten spektakulären Erdumrundung nicht mehr zurück. Um das ungeklärte Verschwinden der Beiden im Pazifik ranken sich zahlreiche Legenden.

4. Juli 1937: Hanna Reitsch fliegt in Bremen als erste Frau einen Hubschrauber.

1937: Maude Rose „Lores" Bonney fliegt als erste Frau allein von Australien (Brisbane) nach Südafrika (Kapstadt), Flugstrecke 29.088 Kilometer.

1937: Sabiha Gökcen (1913–2001) wird die erste Kampfpilotin der Türkei. Sie fliegt Kampfeinsätze in Thrakien und in der Ägäis.

1937: Die deutsche Fliegerin Melitta Schenk Gräfin von Stauffenberg (1903–1945), geborene Melitta Schiller, besitzt als einzige Frau Deutschlands alle Flugzeugführerscheine für sämtliche Klassen von Motorflugzeugen und Segelflugzeugen sowie den Kunstflugschein.

1937: Die Argentinierin Susanna Ferrari Billinghurst (1914–1999) erwirbt als erste Frau in Südamerika einen kommerziellen Pilotenschein.

1937: Die russischen Pilotinnen Marina Raskowa (1912–1943) und Walentina Stepanowna Grisodubowa (1910–1993) stellen mit einem Nonstop-Flug über 1.443 Kilometer einen Frauenweltrekord auf.

1937: Die amerikanische Fliegerin Jacqueline Cochran (1906–1980) macht als erste Frau einen Blindflug (Instrumentenlandung).

28. Oktober 1937: Melitta Schenk Gräfin von Stauffenberg erhält als zweite Frau der Welt den Titel „Flugkapitän".

Frühjahr 1938: Hanna Reitsch, die erste Frau mit Helikopter-Lizenz, unternimmt in der riesigen Berliner Deutschlandhalle mit einem Hubschrauber den ersten Hallenflug der Welt.

2. Juli 1938: Den russischen Pilotinnen Walentina Stepanowna Grisodubowa (1910–1993), Wera Lomako (geboren 1913), Polina Ossipenko (1907–1939) und Marina Raskowa (1912–1943) gelingt ein Weltrekord-Fernflug für Frauen von Sewastopol nach Archangelsk über 2.416 Kilometer.

24./25. September 1938: Marina Raskowa, Walentina Stepanowna Grisodubowa und Polina Ossipenko stellen mit einem 5.908,610 Kilometer langen Fernflug von Moskau nach Kerbi unweit des Ochotskischen Meeres einen Weltrekord für Frauen auf. Am 2. November 1938 erhalten sie für diesen Weltrekord-Fernflug als erste Frauen der sowjetischen Geschichte den Titel „Held der Sowjetunion".

1939: Willa Brown Chappell (1906–1992) wird die erste Afro-amerikanerin mit kommerzieller Pilotenlizenz in den USA

1939/1940: Beate Köstlin (1919–2001), später Beate Uhse, wirkt als erste deutsche Stuntpilotin in den Filmen „D III 88" (1939) und „Achtung, Feind hört mit" (1940) mit.

1. Juli 1941: Die Amerikanerin Jacqueline Cochran überführt als erste Frau einen Bomber über den Atlantik.

Ab 1941: Marina Raskowa und sechs andere weibliche Offiziere organisieren drei nur aus Frauen bestehende sowjetische Fliegerregimenter. Am Ende der Ausbildung werden in Engels drei Regimenter aufgestellt: das 586. Jagdfliegerregiment mit „Jak-2", das 587. Tagbomberregiment mit „Pe-2"-Flugzeugen und das mit „U-2" ausgerüstete 588. Nachtbomberregiment („Nachthexen"). Kommandantinnen des 586. Jagdfliegerregiments sind: Lydia Litvak, Raisa Belyayeva, Tamara Pamyatnykh, Raya Surnachevskaya, Marina Kuznetsova. Kommandantinnen des 587. Tagbomberregiments: Kladiya Fomicheva, Marina Raskowa, Nadeshda Fedutenko. Kommandantinnen des 588. Nachtbomberregiments: Yevodokya Bershanskaya, Yevgeniya Zhigulenko, Tatyana Makorova, Yevdokia Nosal, Nina Ulynenko.

Oktober 1942: Hanna Reitsch fliegt in Augsburg bei „Messerschmitt" das erste Raketenflugzeug der Welt.

21. März 1943: Cornelia Clark Fort (1919–1943) stirbt bei der Überführung einer Maschine des Typs „BT-13A" als erste Pilotin im Dienst der US-Army, als sie über Merkel, Taylor County (Texas), mit einem anderen Flugzeug zusammenstößt. An sie erinnert der 1945 nach ihr benannte „Cornelia Fort Airport" in Nashville (Tennessee).

14. Okober 1944: Die Amerikanerin Ann G. Baumgartner Carl (1918–2008) ist die erste Frau in einem Turbojet-Kampfflieger.

1948: Betty Skelton Frankman Erde (geboren 1926) wird die erste US-Meisterin in Luftakrobatik.

1949: Betty Skelton Frankman Erde stellt mit 7.853 Metern einen Höhenweltrekord für Frauen auf.

16. September 1950: Nancy Bird Walton (1915–2009) gründet die australische Pilotinnenorganisation „Australian Women Pilot's Association" („AWPA")

März 1951: Die deutsche Pilotin Liesel Bach (1905–1992) fliegt als erste Frau über den Himalaja.

1951: Betty Skelton Frankman Erde stellt mit 8.850 Metern einen weiteren Höhenweltrekord für Frauen auf.

April 1953: Iris Wittig (1928–1978) fliegt zusammen mit einem sowjetischen Instrukteur als einer der ersten Piloten in einer „MiG-15UTI", dem ersten Strahlflugzeug der „DDR".

4. Juni 1953: Die amerikanische Pilotin Jacqueline Cochran erreicht mit einem Düsenjäger des Typs „F-86 Sabre" eine Durchschnittsgeschwindigkeit von 1.042 Stundenkilometern und durchbricht dabei in Sturzflügen aus 14.000 Meter Höhe als erste Frau zwei Mal die Schallmauer.

August 1953: Die französische Fliegerin Jacqueline Auriol (1917–2000) durchbricht mit einem Düsenjäger des Typs „Mystère" mit einer Geschwindigkeit von 1.195 Stunden-kilometern als erste Europäerin die Schallmauer (Mach1).

1960-er Jahre: Jerrie Cobb besteht als erste Amerikanerin alle drei Tests für das von Jacqueline Cochran finanzierte Programm „Mercury 13". Mit diesem privat finanzierten Programm, das nicht Teil der Astronautenrekrutierung der „NASA" ist, will man beim Wettrennen im Weltraum mit der ersten Frau im All der Sowjetunion zuvorkommen. Der Name des Projektes beruht darauf, dass von den insgesamt 20 getesteten Frauen 13 die Tests bestehen: außer Jerrie Cobb später auch Myrte Cagle, Jan Dietrich, Marion Dietrich, Wally Funk, Janey Hart, Jean Hixson, Gene Nora Stumbough, Irene Leverton, Bernice Steadman, Sarah Ratley, Jerri Truhill und Rhea Woltman. Jerry Cobb, Rhea Hurle und Wally Funk unterziehen sich in Oklahoma City noch weiteren Tests und einer psychologischen Bewertung. Wenige Tage, bevor einige Frauen sich erweiterten Tests in Pensacola (Florida) in der „Naval School of Aviation Medicine" mit Militärausrüstung und Jets unterziehen sollen, erhalten sie ein Telegramm, in dem der Abbruch des Projekts mitgeteilt wird. Die Navy ist nicht bereit, ihr Equipment für ein inoffizielles Projekt bereitzustellen. Im Mai 2007 verleiht die „University of Wisconsin-Oshkosh" den damals noch acht lebenden Frauen von „Mercury 13" Ehrendoktortitel für ihren „Pioniergeist und die Anstrengungen bei der Weiterentwicklung der Frauen-rechte".

16. Juni 1963: Die russische Kosmonautin Walentina Tereschkowa startet in Baikonur (Kasachstan) an Bord des Raumschiffes „Wostock VI" als erste Frau ins Weltall. Sie umkreist 49 Mal die Erde, bevor sie am 19. Juni 1963 in Novosivbirsk landet.

26. August 1963: Diana Barnato Walker (1918–2008) durchbricht als erste Britin die Schallmauer.

19. März bis 17. April 1964: Geraldine „Jerry" Mock fliegt als erste Amerikanerin erfolgreich um die Welt. Vor ihr hatte dies 1931 schon die deutsche Fliegerin Elly Beinhorn getan. Weil der Weltflug von Elly Beinhorn in den USA nicht allgemein bekannt ist, wird Geraldine „Jerry Mock" dort oft irrtümlich als Frau erwähnt, die als Erste um die Welt geflogen sein soll.

Juni 1966: Berta Zeron (1924–2000) wird die erste Frau in Mexiko mit einem kommerziellen Pilotenschein.

1966: Die britische Pilotin Sheila Scott (1927–1988) fliegt 50.000 Kilometer in 189 Flugstunden.

1967: Ursula Bühler-Hedinger (1943–2009) wird die erste schweizerische Linienpilotin und Jetpilotin.

28. März 1967: Fiorenza de Bernardi wird die erste Airline-Pilotin in Italien (nach eigenen Angaben die fünfte der Welt) und im selben Jahr in ihrem Heimatland auch der erste weibliche Flugkapitän.

1969: Turi Wideroe wird der erste weibliche Luftverkehrspilot bei einer großen Fluggesellschaft in Norwegen – bei „Scandinavian Airlines Systems" („SAS").

28. Juni 1971: Die amerikanische Pilotin Louise Sacchi (1913–1997) stellt bei einem Flug von New York nach London

innerhalb von 17 Stunden 10 Minuten einen Geschwindig-keitsrekord auf.

1971: Sheila Scott fliegt bei einem Langstreckenflug über 50.000 Kilometer als erste Frau mit einem Leichtflugzeug über den Nordpol.

29. Januar 1973: Emily Howell Warner wird die erste Pilotin für eine kommerzielle Airline in den USA.

22. Februar 1974: Barbara Ann Rainey (1948–1982) wird die erste Pilotin der „United States Navy".

4. Juni 1974: Sally Murphy qualifiziert sich als erste Frau als Pilotin für die „United States Army".

1974: Die Italienerin Fiorenza di Bernardi wird die erste Gletscherpilotin der Welt.

1974: Die Amerikanerin Marry Barr wird die erste Pilotin in der Forstwirtschaft („United States Forest Service") der USA.

1974: Captain Leslie F. Kenne wird die erste Frau an der Testpilotenschule der US-Luftwaffe.

1974: Wally Funk wird die erste Inspektorin der Flugsicherung innerhalb der amerikanischen Verkehrsbehörde „National Transportation Safety Board" („NTSB") in Washington D.C. Die „NTSB" befasst sich mit der Aufklärung von Unglücks-fällen im Transportwesen (Eisenbahnen, Luftfahrt, Schifffahrt, Pipelines und Autobahnen). Für die Luftfahrt entspricht der

Aufgabenbereich der Bundesstelle für Flugunfalluntersuchung in Deutschland.

6. Juni 1976: Emily Howell Warner wird der erste weibliche Kapitän einer US-Airline.

Ende 1976: Die deutsche Pilotin Rita Maiburg (1951–1977) wird der erste und einzige weibliche Flugkapitän im regulären Liniendienst der westlichen Welt. Die Bulgarin Maria Atanasova kommandiert damals eine düsengetriebene Frachtmaschine, die Engländerin Yvonne Sintes ist Captain bei einer britischen Chartergesellschaft

1976: Rosemary Bryant Mariner fliegt als erste Frau ein leichtes Kampfflugzeug.

1978: Rhea Seddon (geb. 1947) , Kathryn Sullivan (geb. 1951), Judith A. Resnik (1949–1986), Sally Kristen Ride (geb. 1951), Anna Lee Fisher (geb. 1949) und Shannon Lucid (geb. 1942) werden als erste Frauen in das Astronautencorps der „NASA" aufgenommen.

11. April 1980: Eleanor Conn unternimmt mit ihrem Ehemann Sidney Conn die erste Ballonfahrt über den Nordpol.

2. Juli 1980: Die Amerikanerin Lynn Rippelmeyer fliegt als erste Frau einen Jumbo-Jet „Boeing 747".

3. Dezember 1980: Die Amerikanerin Janice Brown unternimmt in der Nähe von Marana (Arizona) mit einem kleinen Solarflugzeug namens „Solar Challenger" den ersten

Langstrecken-Solarflug (Flugstrecke 6 Meilen, Flugzeit 22 Minuten).

1980: Deborah Jane Lawrie wird die erste Pilotin bei einer australischen Fluggesellschaft.

14. Februar 1981: Neta Snook (1896–1991) ist mit 85 Jahren die älteste Pilotin der USA.

11. März 1981: Die Amerikanerin Doris Grove stellt mit 1.127,68 Kilometern einen Segelflug-Weltrekord auf.

17. Dezember 1982: Die amerikanische Pilotin Mary Haizlip (1910–1997) wird als erste Frau in der Luft- und Raumfahrt in die „Oklahoma Aviation and Space Hall of Fame" aufgenommen.

18. Juni 1983: Die Astronautin Sally Kristen Ride fliegt als erste Amerikanerin im Weltall.

1983: Regula Eichenberger wird die erste Linienpilotin bei einer schweizerischen Airline („Crossair").

19. Juli 1984: Die amerikanische Pilotin Lynn Rippelmeyer fliegt als erster weiblicher Kapitän mit einer „Boeing 747" über den Atlantik. Der Start erfolgt in Newark, die Landung in London-Gatwick.

19. Juli 1984: Die amerikanische Pilotin Beverly Lynn Burns fliegt als erster weibliche Kapitän mit einer „Boeing 747" über die USA. Ihr historischer Flug mit einer Maschine der

Fluggesellschaft „PEOPLExpress" führt von Newark nach Los Angeles.

25. Juli 1984: Die sowjetische Kosmonautin Swetlana Sawizkaja unternimmt als erste Frau einen Spaziergang im Weltall.

11. Oktober 1984: Die Astronautin Kathryn Dwyer Sullivan unternimmt als erste Amerikanerin einen Spaziergang im Weltall.

14. Dezember 1986: Die amerikanische Astronautin Jeana Yeaeger startet zusammen mit Dick Rutan mit einem Voyager-Flugzeug zur ersten Nonstop-Weltraumumrundung ohne Auftanken und Zwischenlanden. Sie fliegen in 9 Tagen 3 Minuten 44 Sekunden eine Strecke von insgesamt 42.120 Kilometern.

1989: Gaby Kennard fliegt als erste Australierin mit einem Flugzeug des Typs „Piper Saratoga" namens „Gerty" in 99 Tagen allein um die Welt.

1990: Allana Arnot (geb. 1967) fliegt als erste Australierin mit einem Hubschrauber um die Welt.

1990: Rosemary Bryant Mariner wird die erste Kommandantin einer operativen Fliegerstaffel in den USA.

Winter 1990: Rosella Bjornsön wird der erste weibliche Kapitän für eine kommerzielle Fluggesellschaft in Kanada.

14. Mai 1992: Die amerikanische Astronautin Kathryn Thornton unternimmt den längsten Spaziergang im Weltall. Er dauert 7 Stunden 44 Minuten.

12. bis 20. September 1992: Carol Mae Jemison fliegt mit der Raumfähre „Endeauvour" als erste afro-amerikanische Astronautin im Weltall.

1. Oktober 1992: Die Amerikanerin Victoria („Vicki") von Meter (1982–2008) erregt als jüngste Fliegerin der Welt großes Aufsehen. Sie steuert als Zehnjährige erstmals ein Flugzeug,

25. März 1993: Die Britin Barbara Hamer ist die erste Frau, die – als Erster Offizier und Kopilotin – mit einem kommerziellen Überschallflugzeug fliegt. Dies geschieht bei einem Flug mit „British Airways" auf der „Concorde" von London nach New York City.

20. bis 23. September 1993: Vicki van Meter überfliegt im Alter von elf Jahren die USA – von Augusta (Maine) nach San Diego (Kalifornien).

1993: Sarah Deal wird erster weiblicher Pilot des „United States Marine Corps".

21. April 1994: Jackie Parker qualifiziert sich als erste Pilotin für das F-16-Kampfflugzeug.

4. bis 7. Juni 1994: Vicki van Meter überfliegt im Alter von zwölf Jahren den Atlantik.

12. Juli 1994: Die elfjährige Amerikanerin Katrina Mumaw wird das „schnellste Kind der Welt": Sie bricht zusammen mit einem russischen Piloten in einem „MiG-29"-Kampfjet die Schallmauer.

1994: Kara Hultgreen (1965–1994) wird die erste Kampfpilotin der US-Marine in einer „F-14 Tomcat".

3. Oktober 1994 bis 22. März 1995: Die Russin Elena Kondakowa, nach anderer Schreibweise Yelena Vladimirovna Kondakova, unternimmt den ersten Dauerflug einer Frau im Weltall.

3. bis 11. Februar 1995: Eileen Collins wird die erste amerikanische Raumfährenpilotin bzw. Shuttlepilotin.

1995: Martha McSally unternimmt bei der Operation „Southern Watch" als erste Pilotin der US-Luftwaffe (von Kuwait aus) Kontrollflüge in feindlichem Gebiet (Irak). Sie ist die erste Pilotin der „U.S. Air Force", die mit einem Militärflugzeug über Feindgebiet fliegt.

22. März bis 26. September 1996: Shannon Lucid wird mit einem 188 Tage langen Flug die Amerikanerin, die sich am längsten im Weltraum aufhält.

19. November 1997: Kalpana Chawla (1961–2003) unternimmt mit der amerikanischen Raumfähre „Columbia" als erste Inderin einen Flug im Weltall.

16. Dezember 1998: Kendra Williams, Leutnant bei der „United States Navy", bombardiert bei der Operation „Desert

Fox" als erster weiblicher Kampfpilot der USA über dem Irak ein feindliches Ziel.

12. Januar 1999: Erstmals ist das Cockpit einer „Swissair"-Maschine ausschließlich mit Frauen besetzt: Kapitän Gabrielle Musy-Lüthi und Kopilotin Claudia Wehrli fliegen einen „Airbus A320" von Zürich-Kloten nach Paris.

23. bis 28. Juli 1999: Eileen Collins wird die erste Kommandantin einer amerikanischen Raumfähre („Space Shuttle").

Januar bis Mai 2001: Die Britin Polly Vacher unternimmt als erste Frau mit einem Kleinflugzeug („Piper PA-28 Cherokee Dakota G-FRGN") über Australien einen Flug um die Welt.

6. Mai 2003 bis 27. April 2004: Polly Vacher fliegt von Birmingham aus über den Nordpol, die Antarktis und alle Erdteile. Damit wird sie die erste Frau, die allein die Polarregionen überquert. Bei diesem Unternehmen fliegt sie auch innerhalb von 16 Stunden von Hawaii nach Kalifornien.

Um 2005: Hanadi Zakaria al-Hindi wird der erste weibliche Flugkapitän in Saudi-Arabien.

13. März 2006: Die amerikanische Pilotin Elizabeth A. Okoreeh-Baah fliegt als erste Frau ein senkrecht startendes „V-22 Osprey Tiltrotor"-Flugzeug.

2006: Nicole Malachowski wird als erste Frau bei den „Thunderbirds", einer Kunstflugstaffel der Luftstreitkräfte der USA, aufgenommen.

18. bis 29. September 2006: Die amerikanisch-iranische Multimillionärin Anoushe Ansari wird der erste weibliche Weltraumtourist, der erste weibliche Muslim und die erste Iranerin im Weltraum. Sie startet am 18. September 2006 mit einem Sojus-Raumschiff zur „Internationalen Raumstation" („ISS"), erreicht am 20. September die „ISS" und kehrt am 29. September 2006 mit „Sojus TMA-8" zur Erde zurück.

Autor Ernst Probst,
Foto: Klaus Benz, Fotograf, Mainz-Laubenheim

Der Autor

Ernst Probst, geboren am 20. Januar 1946 in Neunburg vorm Wald im bayerischen Regierungsbezirk Oberpfalz, ist Journalist und Wissenschaftsautor. Er arbeitete von 1968 bis 1971 als Redakteur bei den „Nürnberger Nachrichten", von 1971 bis 1973 in der Zentralredaktion des „Ring Nordbayerischer Tageszeitungen" in Bayreuth und von 1973 bis 2001 bei der „Allgemeinen Zeitung", Mainz. In seiner Freizeit schrieb er Artikel für die „Frankfurter Allgemeine Zeitung", „Süddeutsche Zeitung", „Die Welt", „Frankfurter Rundschau", „Neue Zürcher Zeitung", „Tages-Anzeiger", Zürich, „Salzburger Nachrichten", „Die Zeit", „Rheinischer Merkur", „Deutsches Allgemeines Sonntagsblatt", „bild der wissenschaft", „kosmos", „Deutsche Presse-Agentur" (dpa), „Associated Press" (AP) und den „Deutschen Forschungsdienst" (df). Aus seiner Feder stammen die Bücher „Deutschland in der Urzeit" (1986), „Deutschland in der Steinzeit" (1991), „Rekorde der Urzeit" (1992), „Dinosaurier in Deutschland" (1993 zusammen mit Raymund Windolf) und „Deutschland in der Bronzezeit" (1996). Von 1986 bis heute veröffentlichte Ernst Probst rund 300 Bücher, Taschenbücher, Broschüren und über 300 E-Books.

E-Books über „Königinnen der Lüfte"

Aida de Acosta. Erster Alleinflug mit einem lenkbaren
Luftschiff
Elsa Andersson. Die erste Pilotin aus Schweden
Jacqueline Auriol. Sie durchbrach als erste Europäerindie
Schallmauer
Liesel Bach. Deutschlands erfolgreichste Kunstfliegerin
Pancho Barnes. Amerikas erste Stuntpilotin
Maryse Bastié. Die Fliegerin, die acht Weltrekorde brach
Jean Batten. Neuseelands berühmteste Pilotin
Melli Beese. Die erste Deutsche mit Pilotenlizenz
Elly Beinhorn. Deutschlands Meisterfliegerin
Vera von Bissing. Eine Kunstfliegerin der 1930-er Jahre
Sophie Blanchard. Die erste professionelle Luftschifferin
Adrienne Bolland. Die erste Frau, die über die Anden flog
Hèléne Boucher. Die französische „Wunderfliegerin"
Kalpana Chawla. Die erste Inderin im Weltall
Jacqueline Cochran. Die „schnellste Frau der Welt"
Bessie Coleman. Die erste Afro-Amerikanerin mit
Pilotenschein
Eileen Collins. Die erste Raumfähren-Pilotin
Hèléne Dutrieu. Die erste Pilotin in Belgien
Amelia Earhart. Die erste Frau, die zwei Mal über den
Atlantik flog
Ruth Elder. Die erste Frau, die den Flug über den Atlantik
wagte
Marga von Etzdorf. Die tragische deutsche Fliegerin
Elise Garnerin. Die „Venus im Ballon"
Sabiha Gökcen. Die erste türkische Pilotin

Frances Wilson Grayson. Tragischer Flug über den Atlantik
Hilda Hewlett. Die erste britische Fliegerin
Maryse Hilsz. Die Rekordfliegerin aus Frankreich
Luise Hoffmann. Die erste deutsche Einfliegerin
Kara Spears Hultgreen. Die erste „F-14 Tomcat"-
Kampfpilotin
Laura Ingalls. Die erste Amerikanerin,
die über Südamerika flog
Carol Mae Jemison. Die erste afro-amerikanische
Astronautin
Amy Johnson-Mollison. Englands erste
Flugzeugmechanikerin
Thea Knorr. Die erste Schleißheimer Fliegerin
Raymonde de Laroche. Die erste Pilotin der Welt
Ruth Law. Erste Luftpost für die Philippinen
Anne Morrow Lindbergh. Die erste Amerikanerin
mit Segelflugschein.
Anne Löwenstein-Wertheim. Die fliegende Prinzessin
Shannon Lucid. Der längste Raumflug einer Frau
Rita Maiburg. Einer der ersten weiblichen
Linienflugkapitäne
Beryl Markham. Die erste Berufspilotin in Ostafrika
Marie Marvingt. Die „Mutter der Luftambulanz"
Christa McAuliffe. Die amerikanische Nationalheldin
Victoria van Meter. Die jüngste Fliegerin der Welt
Jerry Mock. Im Alleinflug um die Erde
Mathilde Moisant. Eine frühe Fliegerin in den USA
Käthe Paulus. Deutschlands erste Luftschifferin
Thérèse Peltier. Die erste Flugzeugpassagierin der Welt
Harriet Quimby. Die erste Amerikanerin mit Flugschein
Bessica Medlar Raiche. Eine der ersten Fliegerinnen

in den USA
Barbara Allen Rainey. Die erste Marinepilotin der USA
Thea Rasche. The Flying Fräulein
Marina Raskowa. Eine fliegende „Heldin der Sowjetunion"
Wilhelmine Reichard. Die erste Ballonfahrerin in
Deutschland
Hanna Reitsch. Die Pilotin der Weltklasse
Sally Kristen Ride. Die erste Amerikanerin im Weltall
Swetlana Sawizkaja. Die erste Spaziergängerin im Weltall
Melitta Schenk Gräfin von Stauffenberg. Heldin mit
Gewissensbissen
Katherine Stinson und Marjorie Stinson. Die fliegenden
Schwestern
Kathryn Dwyer Sullivan. Rekordspaziergängerin im Weltall
Walentina Tereschkowa. Die erste Frau im Kosmos
Élisabeth Thible. Die erste Passagierin einer Montgolfière
Kathryn Thornton. Berühmte Spaziergängerin im Weltall
Sabine Trube. Die deutsche Düsenjet-Kommandantin
Beate Uhse. Deutschlands erste Stuntpilotin
Nancy Bird Walton. Australiens erste und jüngste
Verkehrspilotin

Bestellungen bei: www.grin.com

Bücher von Ernst Probst

Cortes und Malinche. Der spanische Eroberer und seine indianische Geliebte

Der Schwarze Peter. Ein Räuber im Hunsrück und Odenwald

Elisabeth I. Tudor. Die jungfräuliche Königin

Julchen Blasius. Die Räuberbraut des Schinderhannes

Frauen im Weltall

Königinnen der Lüfte von A bis Z

Königinnen der Lüfte in Deutschland

Königinnen der Lüfte in Frankreich

Königinnen der Lüfte in Amerika

Christl-Marie Schultes. Die erste Fliegerin in Bayern (zusammen mit Theo Lederer)

Sturzflüge für Deutschland. Kurzbiografie der Testpilotin Melitta Schenk Gräfin von Stauffenberg (zusammen mit Heiko Peter Melle)

Tony und Bruno Werntgen. Zwei Leben für die Luftfahrt (zusammen mit Paul Wirtz)

Königinnen des Films 1. Biografien berühmter Schauspielerinnen von Lucie Ball bis zu Sophia Loren

Königinnen des Films 2. Biografien berühmter Schauspielerinnen von Anna Magnani bis zu Mae West

Königinnen des Tanzes

Königinnen des Theaters

Machbuba. Die Sklavin und der Fürst

Malende Superfrauen

Maria Stuart. Schottlands tragische Königin

Meine Worte sind wie die Sterne. Die Entstehung der Rede des Häuptlings Seattle (zusammen mit Sonja Probst, verheiratete Sonja Werner)

Pocahontas. Die Indianer-Prinzessin aus Virginia

Pompadour und Dubarry. Die Mätressen von Louis XV.

Zenobia von Palmyra. Eine Frau kämpft gegen die Römer

Superfrauen 1 – Geschichte

Superfrauen 2 – Religion

Superfrauen 3 – Politik

Superfrauen 4 – Wirtschaft und Verkehr

Superfrauen 5 – Wissenschaft

Superfrauen 6 – Medizin

Superfrauen 7 – Film und Theater

Superfrauen 8 – Literatur

Superfrauen 9 – Malerei und Fotografie

Superfrauen 10 – Musik und Tanz

Superfrauen 11 – Feminismus und Familie

Superfrauen 12 – Sport

Superfrauen 13 – Mode und Kosmetik

Superfrauen 14 – Medien und Astrologie

Superfrauen aus dem Wilden Westen

Rekorde der Urzeit. Landschaften, Pflanzen und Tiere

Rekorde der Urmenschen. Erfindungen, Kunst und Religion

Dinosaurier von A bis K

Dinosaurier von L bis Z

Archaeopteryx. Die Urvögel aus Bayern

Das Moustérien. Die große Zeit der Neanderthaler

Das Rätsel der Großsteingräber. Die nordwestdeutsche Trichterbecher-Kultur

Die ersten Bauern in Deutschland (Die Linienbandkeramische Kultur (5500 bis 4900 v. Chr.)

Der Ur-Rhein. Rheinhessen vor zehn Millionen Jahren
Der Rhein-Elefant. Das Schreckenstier von Eppelsheim
Höhlenlöwen. Raubkatzen im Eiszeitalter
Löwenfunde aus Deutschland, Österreich und der Schweiz
Der Mosbacher Löwe. Die riesige Raubkatze aus Wiesbaden
Säbelzahnkatzen. Von Machairodus bis zu Smilodon
Der Höhlenbär
Monstern auf der Spur. Wie die Sagen über Drachen, Riesen
und Einhörner entstanden
Affenmenschen. Von Bigfoot bis zum Yeti
Seeungeheuer. 100 Monster von A bis Z
Der Ball ist ein Sauhund. Weisheiten und Torheiten
über Fußball (zusammen mit Doris Probst)
Worte sind wie Waffen. Weisheiten und Torheiten
über die Medien (zusammen mit Doris Probst)
Schweigen ist nicht immer Gold. Zitate von Ernst Probst
Weisheiten der Indianer

Bestellungen bei www.grin.com